pasión por el
queso

Publicado por:
TRIDENT REFERENCE PUBLISHING
801 12th Avenue South, Suite 400
Naples, Fl 34102 USA

Tel: + 1 (239) 649-7077
www.tridentreference.com
email: sales@tridentreference.com

pasión por el queso

Pasión por el queso
© TRIDENT REFERENCE PUBLISHING

Publisher
Simon St. John Bailey

Directora de edición
Susan Knightley

Preimpresión
Precision Prep & Press

Todos los derechos reservados. Esta publicación no puede ser reproducida ni en todo ni en parte, ni ser transmitida en ninguna forma ni por ningún medio, sin permiso escrito del editor, excepto en el caso de citas breves en artículos o reseñas.

Incluye índice
ISBN 1582797145
UPC 6 15269 97145 1
EAN 9781582797144

Impreso en The United States

introducción

El queso es uno de los mejores alimentos que existen. Rico en proteínas, calcio y vitaminas A y D, los cocineros lo adoran por su versatilidad, y son pocos los hogares donde no hay por lo menos una variedad de queso en el refrigerador.

pasión por el queso
introducción

Tipos de queso

Aunque son tantos que sería imposible describirlos en este espacio, he aquí datos básicos sobre los más populares.

- La mozzarella es un queso fresco de pasta hilada. Tiene un sabor delicado y cremoso, casi dulce.
- El queso crema se elabora con crema pura o mezclada con leche. Como alternativa con menos grasas se puede usar queso cottage, que se obtiene por un proceso similar, pero a partir de leche descremada.
- El requesón es un queso blando y blanco de textura cremosa y gusto dulzón. Se hace a partir del suero que queda como residuo de la elaboración de quesos semiduros. En Italia se produce requesón (llamado *ricotta*) de vaca y de oveja.

- La diferencia principal entre el brie y el camembert es el tamaño. En su presentación tradicional, el primero viene en ruedas de 1 kg/2 lb y el segundo, en piezas de 125 g/4 oz. El sabor y la cremosidad varían levemente, y al madurar, el brie retiene más humedad que el camembert.
- El pecorino es un queso italiano de oveja. Es similar al parmesano, pero de gusto más salado e intenso, algo picante.
- Muchos países tienen su propio queso azul. El de Francia es el roquefort y el de Gran Bretaña, el stilton.
- Elaborado con leche de oveja, el queso feta se desmenuza con facilidad y gotea suero cuando está fresco, pero al madurar se torna más seco y bastante salado.
- El mascarpone es un queso fresco hecho a partir de crema. Sin sal, mantecoso y con un tenor graso de 90 por ciento, se destina especialmente a postres.
- El parmesano joven, dulzón y húmedo, es un bocado magnífico. Con el estacionamiento adquiere un sabor más intenso y una consistencia más seca; es en esta forma como más se lo conoce.
- El gruyère, de color amarillo pálido y agujeros característicos, se produce tanto en Francia como en Suiza. Las hormas son grandes, con cáscara dura.

Dificultad

 I Poca

 I Media

 I Bastante

tablas
de quesos

- El secreto de una buena tabla de quesos es ofrecer una variedad de trozos de buen tamaño. Es preferible servir tres o cuatro de éstos que ocho o nueve más pequeños. No sólo se verá más atractiva la tabla sino que el queso mantendrá mejor su sabor y frescura.
- Como guía general, calcular por lo menos 20 g/¾ oz de cada tipo de queso por persona.
- Para una tabla básica, incluir cheddar, un queso azul y un camembert o brie con galletas o pan francés. También se puede agregar un poco de frutas frescas (manzanas, peras, uvas, dátiles frescos) o desecadas y secas; todas van de maravillas con el queso.
- Si los comensales tienen que cortar los quesos, hay que poner un cuchillo para cada variedad, a fin de evitar que se contagien los sabores.
- Al decidir cuántos quesos se van a servir, hay que tomar en consideración el número de comensales. Cuanto más grande sea el grupo, más variedades podrá contener la tabla.

nota del chef
Aunque las tablas de quesos son originarias de Francia, donde se sirven al final de las comidas, en muchos países se prefiere presentarlas como entrada.

8 > PASIÓN POR EL QUESO

camembert
al horno

a

entradas > 9

■□□ | Tiempo de cocción: 15 minutos - Tiempo de preparación: 15 minutos

preparación

1. Para hacer la salsa, procesar las frambuesas y el azúcar glass en un procesador o licuadora (a) hasta que se forme una pasta suave. Tamizar para eliminar las semillas y reservar hasta el momento de servir.
2. Pasar el camembert por el huevo batido (b), luego por la harina (c), nuevamente por el huevo y al final por los pistachos (d).
3. Poner el queso en una bandeja para horno forrada con papel antiadherente y hornear a 220°C/425°F/Gas 7 por 10-15 minutos o hasta que se ablande. Servir cortado en rebanadas y acompañado con la salsa de frambuesas.

ingredientes

> 1 queso camembert de 250 g/½ lb
> 1 huevo, ligeramente batido
> ¼ taza/30 g/1 oz de harina, tamizada
> 155 g/5 oz de pistachos sin cáscara, picados

salsa de frambuesa
> 250 g/8 oz de frambuesas
> 1 cucharada de azúcar glass

4 porciones

nota del chef

Este versátil platillo puede servirse solo, como entrada; con una ensalada y pan crocante, como comida ligera, o con más frambuesas, como postre. Sea cual fuere la forma en que elija servirlo, tenga la seguridad de que les gustará a todos. Como variante, puede usar almendras fileteadas en lugar de pistachos.

b

c

d

tarta de roquefort y nueces pecan

■■□ | Tiempo de cocción: 40 minutos - Tiempo de preparación: 25 minutos

ingredientes

masa de queso crema
- 250 g/8 oz de queso crema
- 250 g/8 oz de mantequilla
- 1 taza/125 g/4 oz de harina
- 1/4 taza/60 g/2 oz de azúcar
- 1 cucharadita de especias surtidas molidas

relleno de roquefort
- 1 taza/250 ml/8 fl oz de crema doble
- 125 g/4 oz de queso roquefort, desmenuzado
- 4 cucharadas de nueces pecan o comunes, picadas
- 2 huevos, batidos

nota del chef

El roquefort es un queso azul elaborado con leche de oveja. Se produce en el pueblo de Roquefort-sur-Soulzon, en el sur de Francia, y tiene características únicas por madurar en las cuevas de piedra caliza situadas en las cercanías. Sólo el queso procedente de allí puede llamarse roquefort. Si no se consigue, para esta receta se puede usar otro queso azul.

preparación

1. Para hacer la masa, trozar el queso crema y la mantequilla y mantener a temperatura ambiente 10 minutos. Poner en un procesador la harina, el azúcar y las especias; procesar apenas para tamizar. Agregar el queso crema y la mantequilla y procesar por pulsos hasta que se una la masa, sin trabajarla en exceso. Pasar a una superficie ligeramente enharinada, formar un bollo y amasar brevemente. Envolver en film y refrigerar por lo menos 1 hora.
2. Extender el bollo sobre una superficie ligeramente enharinada hasta alcanzar 5 mm/1/4 in de grosor. Forrar la base y los costados de una tartera desmontable de 23 cm/9 in, bien engrasada. Cubrir la masa con papel antiadherente, llenar con arroz crudo y hornear a 200ºC/400ºF/Gas 7 por 10 minutos. Sacar el arroz y el papel y hornear 5 minutos más o hasta dorar. Dejar enfriar.
3. Para hacer el relleno, poner en una cacerola la crema y el queso roquefort y cocinar a fuego mediano, revolviendo constantemente, hasta que el queso se derrita. Retirar de la llama y dejar enfriar. Incorporar, mientras se revuelve, las nueces y los huevos, luego verter el relleno dentro de la base de masa y hornear 20 minutos o hasta que esté cocido.

6 porciones

entradas > 11

hojuelas
de queso y ajo

entradas > 13

■□□ | Tiempo de cocción: 10 minutos - Tiempo de preparación: 8 minutos

preparación
1. Partir cada pan árabe por el medio, luego cortar cada mitad en 4 triángulos. Poner la mantequilla, el ajo y la albahaca en un bol y mezclar bien.
2. Colocar los triángulos de pan árabe, con la parte cortada hacia arriba, en una bandeja para horno ligeramente aceitada. Pincelar con la mezcla de mantequilla, luego esparcir el queso parmesano por arriba.
3. Hornear a 180°C/350°F/Gas 4 por 10 minutos o hasta que las hojuelas estén doradas y crocantes.

32 unidades

ingredientes
> **4 panes árabes**
> **125 g/4 oz de mantequilla, derretida**
> **2 dientes de ajo, machacados**
> **2 cucharadas de albahaca fresca picada**
> **4 cucharadas de queso parmesano rallado**

nota del chef
Las hojuelas se conservan hasta una semana en un recipiente hermético; es estupendo tenerlas a mano como bocadillos para después de la escuela o el trabajo.

bandeja
de frutas y quesos

■□□ | Tiempo de cocción: 0 minuto - Tiempo de preparación: 5 minutos

ingredientes

- 3 cucharadas de jugo de limón fresco
- 2 manzanas rojas, sin corazón y cortadas en cascos
- 2 manzanas verdes, sin corazón y cortadas en cascos
- 4 kiwis, pelados y en rodajas
- 2 naranjas, peladas y separadas en gajos
- 100 g/4 oz de queso camembert
- 100 g/4 oz de queso stilton
- 100 g/4 oz de queso sabroso (cheddar maduro)
- galletas de queso, caseras o compradas

preparación

1. Poner el jugo de limón en un bol pequeño, agregar los cascos de manzanas rojas y verdes y sacudir para que se impregnen; esto ayuda a evitar que se oscurezcan.
2. En una bandeja grande disponer en forma atractiva los cascos de manzana, las rodajas de kiwi, los gajos de naranja, los quesos camembert, stilton y sabroso (cheddar maduro) y las galletas.

10 porciones

nota del chef
Si nuestra sugerencia no es de su agrado, elija las frutas de estación que prefiera y preséntelas junto con sus quesos favoritos.

queso de cabra con hojas surtidas

ensaladas > 17

■□□ | Tiempo de cocción: 5 minutos - Tiempo de preparación: 15 minutos

preparación

1. Disponer el radicchio, la escarola, los corazones de alcachofa, los tomates, los champiñones y el berro en platos individuales.
2. Para hacer el aliño, poner el jugo de limón, el vinagre, el aceite, el ajo, la albahaca, el romero y pimienta negra a gusto en un frasco con tapa a rosca y agitar para mezclar.
3. Pincelar los quesitos de cabra con el aceite y cocinar en el grill precalentado 1 minuto de cada lado o hasta que apenas empiecen a derretirse. Poner los quesos sobre la ensalada, bañar con el aliño y servir.

4 porciones

ingredientes

> 1 radicchio, con las hojas separadas
> 1 escarola rizada, con las hojas separadas
> 440 g/14 oz de corazones de alcachofa, escurridos y en mitades
> 8 tomates cherry, en mitades
> 60 g/2 oz de champiñones
> 60 g/2 oz de berro, en ramitos
> 4 quesitos de cabra de 100 g/3 1/2 oz
> 1 cucharada de aceite de oliva

aliño de hierbas

> 1 1/2 cucharada de jugo de limón
> 1 1/2 cucharada de vinagre de sidra
> 1/2 taza/125 ml/4 fl oz de aceite de oliva
> 1 diente de ajo, machacado
> 1 cucharada de albahaca fresca picada o 1 cucharadita de albahaca seca
> 2 cucharaditas de romero fresco picado o 1/2 cucharadita de romero seco
> pimienta negra recién molida

nota del chef

A menudo conocidos como chêvres, *los quesos de cabra pueden comerse en distintos grados de maduración. Un queso joven es suave y untable, al madurar se vuelve seco y en cierta forma granulado; en rigor, puede describirse su consistencia casi como de tiza.*

lechuga y berro con aliño de queso azul

■ □ □ | Tiempo de cocción: 0 minuto - Tiempo de preparación: 10 minutos

ingredientes
- 125 g/4 oz de queso azul
- 1/4 taza de crema espesa
- 1 cucharada de mayonesa
- 2 cucharadas de leche
- 1 lechuga rizada, cortada a mano
- 1 cebolla roja, rebanada
- 1 manojo de berro
- 3 tomates, rebanados

preparación
1. En un procesador o licuadora, procesar el queso, la crema, la mayonesa y la leche hasta que formen una mezcla homogénea; refrigerar.
2. Disponer la lechuga, las ruedas de cebolla, el berro y las rebanadas de tomate en una ensaladera, verter encima el aliño de queso azul refrigerado y servir.

4 porciones

nota del chef
Es un plato ideal para un día de verano, y queda sensacional acompañado con tostadas de focaccia.

bandeja
a la italiana

ensaladas

■■□ | Tiempo de cocción: 5 minutos - Tiempo de preparación: 15 minutos

preparación

1. Disponer las hojas de radicchio, de espinaca y de achicoria en una bandeja grande.
2. Con un cortante para scones cortar 8 discos de pan. Tostarlos de ambos lados. Poner sobre cada tostada una tajada de salame y una de mozzarella; llevar al grill hasta que el queso se derrita. Disponer las tostadas en la bandeja, sobre las hojas.
3. Con un pelador de verduras cortar el pepino en cintas. Retorcerlas y acomodarlas en la bandeja.
4. Combinar los pimientos, las aceitunas negras, los tomates secos y la albahaca. Poner la mezcla en la bandeja.
5. Colocar las aceitunas verdes y las mazorcas de maíz en la bandeja. Mezclar el aceite de oliva con el vinagre y verter sobre los vegetales, pero no sobre las tostadas.

4-6 porciones

ingredientes

> **8 hojas de radicchio**
> **2 hojas de espinaca**
> **4 hojas de achicoria**
> **8 rebanadas de pan**
> **8 tajadas de salame**
> **8 tajadas de mozzarella**
> **1 pepino**
> **1 taza de pimientos en lata, en tiras**
> **$1/4$ taza de aceitunas negras**
> **$1/4$ taza de tomates secos**
> **1 cucharada de albahaca fresca picada**
> **$1/2$ taza de aceitunas verdes**
> **8 mazorcas de maíz baby en lata**
> **$1/2$ taza de aceite de oliva**
> **$1/3$ taza de vinagre de vino blanco**

nota del chef

Si se desea intensificar aun más el sabor de las tostadas, pintarlas con aceite de oliva saborizado con ajo.

arlequín
con pesto

■□□ | Tiempo de cocción: 0 minuto - Tiempo de preparación: 15 minutos

ingredientes
> 2 cucharadas de mayonesa
> 4 tomates, en rodajas de 1 cm/½ in
> 12 rodajas de mozzarella
> 6 rodajas de pepino pelado, cortadas por la mitad
> aceitunas negras, rebanadas, para adornar
> perejil, para adornar

pesto
> 1 taza de hojas de albahaca fresca
> 1 diente de ajo
> ¼ taza de piñones
> 2 cucharadas de aceite de oliva
> 2 cucharadas de queso parmesano recién rallado

preparación
1. Para hacer el pesto, mezclar en un procesador todos los ingredientes y procesar (a) hasta que se forme una pasta homogénea.
2. Mezclar el pesto con la mayonesa en un bol (b).
3. Acomodar las rodajas de tomate en una fuente. Disponer sobre cada rodaja una cucharadita de pesto con mayonesa (c), una rodaja de mozzarella y ½ rodaja de pepino (d).
4. Adornar con una rebanada de aceituna negra y una ramita de perejil

12-16 unidades

nota del chef
Esta ensalada se convierte en bocadillo para el cóctel si se coloca una tostada debajo de cada rodaja de tomate.

a

b

c

ensaladas > 23

radicchio y pera

ensaladas > 25

■ □ □ | Tiempo de cocción: 0 minuto - Tiempo de preparación: 10 minutos

preparación
1. Disponer las hojas de radicchio, las tiras de puerro, las rebanadas de pera y las rebanadas de queso de manera atractiva en una ensaladera grande o en una bandeja.
2. Para hacer la vinagreta, poner el aceite, el vinagre y pimienta negra a gusto en un frasco con tapa a rosca y sacudir para emulsionar. Verter sobre la ensalada y servir.

4 porciones

ingredientes
> 1 radicchio, las hojas separadas
> 1 puerro, en tiras finas
> 2 peras, peladas, sin corazón y rebanadas
> 155 g/5 oz de queso pecorino, rebanado

vinagreta
> 1/3 taza/90 ml/3 fl oz de aceite de oliva
> 2 cucharadas de vinagre de vino tinto
> pimienta negra recién molida

nota del chef
Las peras, al igual que las uvas, siempre son excelentes compañeras de todos los quesos.

frescura griega

■□□ | Tiempo de cocción: 0 minuto - Tiempo de preparación: 10 minutos

ingredientes

- 2 pepinos, rebanados
- 1 canastilla de tomates cherry
- 1 cebolla, en aros finos
- 1 pimiento verde, sin semillas, en tiras finas
- 200 g/6 1/2 oz de queso feta, en cubos de 2 cm/3/4 in
- 1/3 taza de aceite de oliva
- 1/2 cucharada de granos de pimienta negra triturados
- 2 cucharadas de jugo de limón recién exprimido

preparación

1. Disponer en una ensaladera el pepino, el tomate, la cebolla, el pimiento verde y el queso feta.
2. Mezclar el aceite de oliva con la pimienta y el jugo de limón, verter sobre la ensalada y refrigerar hasta el momento de servir.

....
6-8 porciones

nota del chef

El queso feta, de origen griego, es uno de los más simples que existen, pues surgió de la necesidad de los pastores primitivos de conservar la leche de sus rebaños trashumantes. Homero, en La Odisea, da una descripción detallada del método de elaboración, que prácticamente no ha sufrido cambios hasta nuestros días.

ensaladas > 27

frittata parmesana

■■☐ | Tiempo de cocción: 35 minutos - Tiempo de preparación: 10 minutos

preparación

1. Sofreír las cebollas en aceite de oliva hasta que estén tiernas. Agregar las papas, el salame y el pimiento; cocinar 3 minutos, revolviendo constantemente. Enfriar un poco y mezclar con los huevos, la leche, la pimienta y el queso parmesano combinados.
2. Colocar la preparación en una fuente refractaria engrasada y hornear a temperatura moderada 25 minutos.

4 porciones

ingredientes

- 2 cebollas, picadas
- 1/4 taza de aceite de oliva
- 1 1/2 taza de papas cocidas, en cubos
- 100 g/3 1/2 oz de salame, picado
- 1 pimiento rojo, sin semillas y picado
- 6 huevos, ligeramente batidos
- 1/2 taza de leche
- 1/4 cucharadita de granos de pimienta negra triturados
- 4 cucharadas de queso parmesano rallado

nota del chef

Una atractiva variante de esta receta consiste en colocar el relleno dentro de una base de masa para tarta y luego hornear.

rollo
de calabacitas

■■■ | Tiempo de cocción: 25 minutos - Tiempo de preparación: 15 minutos

ingredientes

relleno
- 2 cucharadas de mantequilla
- 1/4 taza de harina
- 1 1/4 taza de leche
- 3/4 taza de requesón

rollo
- 1 taza de calabacitas ralladas
- 4 yemas
- 2 cucharadas de queso gruyère rallado
- 3 cucharadas de queso parmesano rallado
- 1/2 cucharadita de nuez moscada molida
- 4 claras

nota del chef

Si se prefiere comer el rollo frío, reservarlo en el refrigerador y cortarlo a último momento. Acompañar con una ensalada de hojas verdes.

preparación

1. Para el relleno, derretir la mantequilla en una olla mediana, agregar la harina y cocinar 30 segundos. Retirar de la llama y añadir la leche, revolviendo. Llevar sobre fuego lento y revolver sin cesar hasta que espese. Reservar 2 cucharadas para el rollo. Incorporar el requesón (a) al resto de la salsa.
2. Para el rollo, cocinar las calabacitas en 2 cucharadas de agua hasta que estén blandas. Secarlas con papel absorbente. Unirlas a la salsa reservada, las yemas, los quesos y la nuez moscada (b). Batir las claras a punto de turrón y añadirlas en forma envolvente (c).
3. Verter la mezcla en un molde para arrollado de 25 x 30 cm/10 x 12 in, engrasado y forrado con papel encerado. Hornear a temperatura moderada 12-25 minutos. Desmoldar sobre una rejilla de alambre cubierta con un lienzo.
4. Enrollar con el lienzo, apretar 30 segundos, desenrollar. Quitar con cuidado el papel y el lienzo. Dejar enfriar 5 minutos, después untar con el relleno (d) y enrollar. Servir a temperatura ambiente.

6 porciones

a

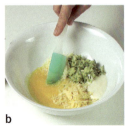

b

c

cazuela de berenjenas, queso y tomate

vegetales > 33

■■□ | Tiempo de cocción: 40 minutos - Tiempo de preparación: 15 minutos

preparación

1. Calentar el aceite en una sartén grande a fuego mediano. Agregar las berenjenas y cocinar 1 minuto de cada lado; retirar de la sartén y reservar.
2. Añadir a la sartén el ajo, los tomates, el extracto y el vino, llevar a hervor y cocinar a fuego lento 5 minutos.
3. Verter la mitad de la mezcla de tomate en el fondo de un trasto para horno. Disponer encima la mitad de las rodajas de berenjena y la mitad de la mozzarella. Repetir las capas.
4. Esparcir por encima el jamón crudo y luego el queso parmesano mezclado con el pan seco molido y la mantequilla. Hornear a temperatura moderada 30 minutos

6 porciones

ingredientes
- $1/4$ **taza de aceite de oliva**
- **2 berenjenas, en rodajas de $1/2$ cm/$1/4$ in**
- **2 dientes de ajo, machacados**
- **$1 1/2$ taza de tomates en lata**
- **2 cucharadas de extracto de tomate**
- **2 cucharadas de vino blanco seco**
- **200 g/6$1/2$ oz de mozzarella, picada**
- **$1/2$ taza de jamón crudo picado**
- **60 g/2 oz de queso parmesano, rallado**
- **2 cucharadas de pan seco molido**
- **1 cucharada de mantequilla derretida**

nota del chef

El queso parmesano es uno de los más imitados del mundo. Para obtener un kilo de auténtico parmesano hacen falta 16 litros de la más preciada leche de la zona de producción, en Italia.

budín
de hongos y queso

■■□ | Tiempo de cocción: 70 minutos - Tiempo de preparación: 15 minutos

ingredientes
> 60 g/2 oz de mantequilla
> 3 lonjas de tocino, picadas
> 440 g/14 oz de hongos, rebanados
> 2 cebollas de rabo, picadas
> 1 pimiento verde pequeño, picado
> 1 pimiento rojo pequeño, picado
> 6 rebanadas gruesas de pan blanco, sin corteza
> 125 g/4 oz de queso sabroso (cheddar maduro), rallado
> 6 huevos
> 2 tazas/500 ml/16 fl oz de leche
> 1 cucharada de mayonesa
> 1 cucharadita de mostaza francesa
> 1 cucharadita de salsa Worcestershire
> 2 cucharadas de perejil fresco picado

preparación
1. Derretir la mantequilla en una sartén grande, agregar el tocino y cocinar 4-5 minutos o hasta que esté crocante. Incorporar, revolviendo, los hongos, las cebollas y los pimientos; cocinar 5-7 minutos más.
2. Cortar las rebanadas de pan en trozos de 2,5 cm/1 in (a). Acomodar la mitad en la base de una fuente refractaria de 18 x 28 cm/7 x 11 in, apenas engrasada. Poner encima la mezcla de hongos (b) y cubrir con el resto del pan y el queso.
3. Colocar en un bol los huevos, la leche, la mayonesa, la mostaza y la salsa y batir para mezclar. Verter con cuidado en la fuente (c) y esparcir el perejil por arriba. Hornear a 180°C/350°F/Gas 4 por 50-60 minutos o hasta que el budín esté firme.

6 porciones

nota del chef
Esta receta es ideal para dejarla lista de antemano. Prepare el platillo completo y refrigere toda la noche. Hornee al día siguiente, cuando le resulte cómodo.

a

b

c

papas al gratín

vegetales

■☐☐ | Tiempo de cocción: 45 minutos - Tiempo de preparación: 15 minutos

preparación
1. Distribuir las papas, las cebollas, el cebollín y pimienta negra a gusto en 6 fuentes refractarias individuales ligeramente engrasadas.
2. Poner el yogur y la crema en un bol y mezclar bien. Verter con cuidado sobre las papas y esparcir el queso parmesano por encima.
3. Hornear a 200°C/400°F/Gas 6 por 45 minutos o hasta que las papas estén tiernas y la superficie, dorada.

6 porciones

ingredientes
> 1 kg/2 lb de papas, finamente rebanadas
> 2 cebollas grandes, finamente rebanadas
> 2 cucharadas de cebollín fresco tijereteado
> pimienta negra recién molida
> 1¼ taza/250 g/8 oz de yogur natural
> 1 taza/250 ml/8 fl oz de crema doble
> 60 g/2 oz de queso parmesano rallado

nota del chef
Los platillos de papa son un excelente acompañamiento para casi cualquier comida. Éste queda especialmente bien con cerdo o cordero asados.

pastel
de verduras estivales

■■□ | Tiempo de cocción: 60 minutos - Tiempo de preparación: 15 minutos

ingredientes

- 2 berenjenas, en rodajas de 1/2 cm/1/4 in
- 1/4 taza de aceite
- 1 cebolla grande, picada
- 4 calabacitas, en rodajas de 1/2 cm/1/4 in
- 2 tomates, picados
- 6 huevos
- 1/4 taza de leche
- 1/2 taza de queso parmesano recién rallado
- 1/3 taza de pan seco molido
- 2 cucharadas de cebollín picado
- 1/4 taza de queso cheddar rallado

preparación

1. Espolvorear las berenjenas con sal y dejarlas reposar 15 minutos. Lavarlas y secarlas dando golpecitos con papel absorbente; cortarlas en cubos de 1 cm/1/2 in.
2. En una sartén grande, calentar el aceite a fuego mediano y freír la cebolla 3 minutos. Agregar las berenjenas y las calabacitas y freír 5 minutos, revolviendo de vez en cuando. Añadir los tomates y cocinar otros 20 minutos.
3. En un bol grande batir los huevos con la leche; agregar el queso parmesano, el pan seco molido y el cebollín y mezclar bien.
4. Añadir la mezcla de queso y huevo a los vegetales y verter la preparación en una tartera refractaria de 23 cm/9 in.
5. Esparcir el queso cheddar sobre la superficie y hornear a temperatura moderada 30 minutos.

4-6 porciones

nota del chef

Servir acompañado con una salsa de tomate perfumada con hojas de albahaca fresca.

puerros
al gratín

vegetales

■□□ | Tiempo de cocción: 20 minutos - Tiempo de preparación: 15 minutos

preparación

1. Descartar la porción superior y las dos hojas externas de los puerros. Emparejar la base, cortarlos por la mitad a lo largo y enjuagarlos.
2. Verter el caldo en una olla grande y llevar a hervor. Agregar los puerros y cocinar 4-5 minutos. Retirar los puerros con una pinza; escurrirlos bien.
3. Colocar los puerros en una fuente refractaria y esparcir encima el queso mezclado con el pan molido y la mantequilla. Hornear a temperatura moderada 10 minutos.

ingredientes

> **6 puerros**
> **4 tazas de caldo de pollo**
> **3/4 taza de queso parmesano recién rallado**
> **3/4 taza de pan seco molido**
> **1/4 taza de mantequilla derretida**

6 porciones

nota del chef

Para lograr un platillo de sabor más intenso, reemplazar los puerros por cebollas de rabo; para uno más refinado, emplear espárragos.

pimientos
rellenos con queso

vegetales > 43

■□□ | Tiempo de cocción: 15 minutos - Tiempo de preparación: 15 minutos

preparación

1. Cortar los pimientos rojos y verdes por la mitad a lo largo, quitarles las semillas y las nervaduras internas y ponerlos en un trasto para horno ligeramente engrasado.
2. Mezclar en un bol el requesón, las cebollas de rabo, la cáscara de naranja rallada, las almendras, el cebollín, el pan seco molido, la mitad del queso parmesano y pimienta negra a gusto.
3. En un bol batir las claras a punto de turrón. Añadirlas en forma envolvente a la mezcla de requesón y rellenar las mitades de pimientos.
4. Esparcir encima el resto del queso parmesano y hornear a 200°C/400°F/Gas 6 por 15 minutos o hasta que el relleno se infle y se dore.

4 porciones

ingredientes

- > 2 pimientos rojos grandes
- > 2 pimientos verdes grandes
- > 315 g/10 oz de requesón, escurrido
- > 2 cebollas de rabo, picadas
- > 1 cucharada de cáscara de naranja finamente rallada
- > 2 cucharadas de almendras fileteadas, tostadas
- > 2 cucharadas de cebollín fresco tijereteado
- > 1/2 taza/30 g/1 oz de pan seco molido
- > 60 g/2 oz de queso parmesano rallado
- > pimienta negra recién molida
- > 2 claras

nota del chef

Se trata de un platillo muy vistoso y colorido, perfecto como opción vegetariana.

espaguetis
a la carbonara

Tiempo de cocción: 10 minutos - Tiempo de preparación: 10 minutos

ingredientes
- 500 g/1 lb de espaguetis
- ¾ taza de jamón cocido, en tirillas
- 1 cucharada de aceite de oliva
- 4 huevos
- 4 cucharadas de crema
- ¾ taza de queso pecorino recién rallado

preparación
1. Hervir agua en una cacerola grande, echar los espaguetis y cocinar hasta que estén apenas tiernos.
2. Entretanto, calentar suavemente el jamón en el aceite. En un bol grande, batir los huevos con la crema y el queso
3. Escurrir los espaguetis cocidos, añadirlos a la mezcla de queso y remover bien para que el calor de la pasta "cocine" la salsa.
4. Agregar el jamón, mezclar y servir de inmediato.

4 porciones

nota del chef
Es ideal ofrecer con este platillo un vino blanco seco italiano, cuya acidez realzará el sabor del pecorino.

… # timbales de macarrones con salmón ahumado

arroz y pastas

Tiempo de cocción: 20 minutos - **Tiempo de preparación:** 15 minutos

preparación

1. Mezclar la pasta con la mantequilla y la mitad del queso parmesano; reservar. Combinar el pan seco molido con el resto del parmesano.
2. Engrasar 6 moldes individuales para timbal y adherir en el interior parte de la mezcla de pan. Verter un poco de huevo batido en cada molde y volver a adherir mezcla de pan.
3. Disponer una capa de pasta en cada molde, distribuir encima la mitad de la mozzarella, luego el salmón ahumado, otra capa de pasta y después el resto de la mozzarella y de la mezcla de pan. Verter el resto de los huevos batidos.
4. Poner los timbales en un trasto para horno con 3 cm/1 1/4 in de agua caliente y hornear a temperatura moderada 20 minutos. Enfriar 5 minutos, aflojar los bordes con una espátula y desmoldar sobre platos calientes.
5. Para hacer la salsa, derretir la mantequilla en una olla mediana, agregar la harina y revolver 1 minuto. Sacar del fuego e incorporar, mientras se revuelve, el vermut y la crema. Llevar de nuevo sobre la llama y cocinar lentamente, revolviendo sin cesar, hasta que espese.
6. Colocar una pequeña cantidad de salsa en cada plato y poner los timbales sobre ella; adornar con el salmón en láminas, enrollado, y perejil.

6 porciones

ingredientes

- 1 1/2 taza de macarrones pequeños cocidos
- 45 g/1 1/2 oz de mantequilla, en trocitos
- 125 g/4 oz de queso parmesano recién rallado
- 60 g/2 oz de pan seco molido
- 2 cucharadas de mantequilla derretida, para engrasar
- 2 huevos, ligeramente batidos
- 250 g/1/2 lb de mozzarella rallada
- 155 g/5 oz de salmón ahumado, finamente picado, y algunas láminas para adornar

salsa
- mantequilla
- harina
- vermut
- crema

nota del chef

En lugar de timbales individuales se puede hacer una terrina grande, apta para consumirla tanto fría como caliente.

crêpes de requesón y hierbas

■■□ | Tiempo de cocción: 25 minutos - Tiempo de preparación: 20 minutos

ingredientes

crêpes
- 1 taza de harina
- 3 huevos grandes, ligeramente batidos
- 3 cucharadas de mantequilla derretida
- 1 3/4 taza de leche
- 4 cucharadas de mantequilla, extra

relleno
- 500 g/1 lb de requesón
- 2 cucharadas de albahaca fresca picada
- 2 cucharadas de perejil fresco picado
- 1/4 taza de queso parmesano recién rallado
- 6 cucharadas de mantequilla
- 6 cucharadas de harina
- 2 1/2 tazas de leche
- 4 cucharadas de mantequilla, extra
- 1/4 taza de crema

nota del chef

Son ideales para servir una comida estupenda sin trabajar a último momento, porque pueden tenerse listas en el refrigerador y calentarse justo antes de llevar a la mesa.

preparación

1. Tamizar la harina en un bol grande. Hacer un hueco en el centro y verter lentamente allí los huevos mezclados con la mantequilla derretida y la leche. Revolver con cuchara de madera, incorporando gradualmente la harina hasta que se integre y no haya grumos. Dejar descansar la pasta en un lugar fresco por lo menos 2 horas.
2. Derretir 2 cucharadas de la mantequilla extra en una sartén pequeña sobre fuego mediano. Cuando la mantequilla empiece a chirriar, verter una capa delgada de la pasta (a) y cocinar alrededor de 1 minuto; dar vuelta y cocinar 1/2-1 minuto más. Cocinar del mismo modo el resto de la pasta.
3. Para hacer el relleno, mezclar el requesón, la albahaca, el perejil y el queso parmesano (b); reservar. Derretir la mantequilla en una olla a fuego mediano. Agregar la harina y cocinar 30 segundos. Incorporar la leche de una sola vez y revolver hasta obtener una salsa blanca espesa. Unir la mitad con la mezcla de requesón y hierbas.
4. Untar las crêpes con el relleno, enrollar (c) y calentar en horno moderadamente bajo. Recalentar el resto de la salsa, agregarle la mantequilla extra restante y la crema y servir sobre las crêpes.

6-8 porciones

arroz y pastas

a b c

pastel
de calabacita y arroz

arroz y pastas

■■□ | Tiempo de cocción: 45 minutos - Tiempo de preparación: 15 minutos

preparación

1. Llevar la leche a hervor, agregar las rebanadas de calabacita y cocinar 3 minutos, con la olla destapada; escurrir y reservar las calabacitas.
2. Calentar el aceite y la mantequilla en una sartén grande y añadir la cebolla. Cocinar hasta que esté traslúcida; retirar del fuego. Incorporar el arroz, el perejil y el queso; mezclar bien.
3. Volcar la preparación en una tartera de 23 cm/9 in, engrasada. Disponer las tajadas de calabacita encima, en forma decorativa, y verter sobre ellas los huevos combinados con la leche extra. Hornear a temperatura moderada 30-35 minutos.

ingredientes

> 1 taza de leche
> 4 calabacitas grandes, finamente rebanadas
> 6 cucharadas de aceite de oliva
> 45 g/1 1/2 oz de mantequilla
> 1 cebolla, picada
> 1 taza de arroz de grano largo cocido
> 3 cucharadas de perejil picado
> 100 g/3 1/2 oz de queso gruyère, rallado
> 2 huevos, batidos
> 1/2 taza de leche, extra

....
4 porciones

nota del chef

Si se desea variar la presentación, colocar sobre la preparación cruda un disco de masa de hojaldre y luego llevar al horno.

pechugas de pavo con jamón crudo y queso

sorpresa con ave > 53

■☐☐ | Tiempo de cocción: 15 minutos - Tiempo de preparación: 10 minutos

preparación

1. Calentar la mantequilla con el vino en una sartén grande sobre fuego moderado, agregar las pechugas de pavo y sofreír 1 minuto de cada lado.
2. Poner una lonja de jamón crudo sobre cada pechuga de pavo. Cubrir con una generosa cantidad de mozzarella rallada.
3. Tapar la sartén y cocinar a fuego lento unos 5 minutos, o hasta que el pavo esté totalmente cocido. Servir de inmediato, con vegetales.

ingredientes

- > **4 cucharadas de mantequilla**
- > **1/3 taza de vino blanco seco**
- > **4 pechugas de pavo deshuesadas**
- > **4 lonjas de jamón crudo**
- > **1 taza de mozzarella rallada**

....
4 porciones

nota del chef
Si se esparcen sobre la mozzarella fundida hojas de salvia picadas, que combinan muy bien con el jamón, se obtendrá un platillo más fragante.

higos rellenos con queso crema a la naranja

■□□ | Tiempo de cocción: 5 minutos - Tiempo de preparación: 10 minutos

ingredientes
> **8 higos glaseados**

relleno
> **150 g/5 oz de queso crema, ablandado**
> **2 cucharadas de cáscara de naranja rallada**
> **2 cucharadas de Cointreau**
> **1/4 taza de azúcar glass tamizada**

almíbar
> **1/2 taza de jugo de naranja recién exprimido**
> **1 cucharada de jugo de limón recién exprimido**
> **2 cucharadas de azúcar**

preparación
1. Para preparar el relleno, batir el queso crema con la cáscara de naranja, el Cointreau y el azúcar glass hasta que se integren bien. Poner 2 cucharaditas en cada higo y refrigerar.
2. Para hacer el almíbar, mezclar el jugo de naranja, el de limón y el azúcar en una ollita sobre fuego suave. Llevar lentamente a hervor y cocinar despacio 5 minutos. Dejar enfriar 15 minutos; servir con los higos.

4 porciones

nota del chef
Para acentuar el carácter itálico de este postre, reemplazar el queso crema por mascarpone.

anillo de requesón con salsa de frutas rojas frescas

postres

■☐☐ | Tiempo de cocción: 3 minutos - Tiempo de preparación: 15 minutos

preparación

1. Combinar en una ollita la gelatina y el licor de naranja. Revolver sobre fuego lento hasta que la gelatina se disuelva; dejar enfriar ligeramente.
2. En un bol grande, batir el requesón con batidora eléctrica hasta que esté suave. Agregar la crema, el azúcar glass, la esencia, el yogur y la leche; batir 1 minuto más.
3. Incorporar la gelatina, mientras se revuelve, y unir bien. Verter la mezcla en un molde anillo de 4 tazas de capacidad, ligeramente aceitado, y refrigerar 3 horas o hasta que esté firme.
4. En un procesador o licuadora procesar las fresas, las frambuesas y el dulce hasta que se integren, para obtener una salsa. Pasar por tamiz.
5. Desmoldar el anillo de ricota sobre una fuente, llenar el centro con las fresas y frambuesas extra y servir con la salsa.

6 porciones

ingredientes

- 1 1/2 cucharada de gelatina
- 4 cucharadas de licor de naranja
- 500 g/1 lb de requesón
- 1 taza de crema espesa
- 1/2 taza de azúcar glass
- 1 cucharada de esencia de vainilla
- 3/4 taza de yogur natural
- 1/2 taza de leche
- 1 canastilla de fresas, limpias
- 1/2 taza de frambuesas
- 1/4 taza de dulce de frambuesas
- 1/4 taza de fresas, rebanadas, extra
- 1/4 taza de frambuesas, extra

nota del chef

Con la misma preparación se pueden hacer postres individuales.

tiramisù

■■□ | Tiempo de cocción: 0 minuto - Tiempo de preparación: 15 minutos

ingredientes
> **2 huevos, separados**
> **1 taza de azúcar**
> **1 1/2 taza de queso mascarpone**
> **1/4 taza de coñac**
> **una pizca de sal**
> **200 g/6 1/2 oz de bizcochos vainilla**
> **1/4 taza de café fuerte, a temperatura ambiente**
> **1/4 taza de cacao, tamizado**

preparación
1. Batir las yemas con el azúcar hasta que la mezcla resulte espesa y pálida. Agregar el queso mascarpone (a) y el coñac; batir hasta lograr una textura lisa.
2. En otro bol, batir las claras con la sal hasta que apenas empiecen a formar picos; añadirlas en forma envolvente a la mezcla de mascarpone (b).
3. Disponer la mitad de los bizcochos (c) en la base de un bol transparente. Humectar con la mitad del café y extender la mitad de la mezcla de mascarpone. Repetir con el resto de los bizcochos, el café y el mascarpone (d); espolvorear la superficie con el cacao tamizado. Refrigerar hasta el momento de servir.

8 porciones

nota del chef
El mascarpone, un queso crema italiano, se encuentra en tiendas de especialidades gastronómicas.

a

b

c

brie y brioche

■□□ | Tiempo de cocción: 0 minuto - Tiempo de preparación: 5 minutos

preparación

1. Poner en un procesador o licuadora 250 g/8 oz de frambuesas y procesar hasta obtener un puré. Pasarlo por un tamiz fino para eliminar las semillas.
2. Colocar en cada plato un trozo de brie y un poco de puré de frambuesas. Disponer atractivamente en los platos la brioche, los higos y las frambuesas restantes. Servir de inmediato.

4 porciones

ingredientes

- > 375 g/12 oz de frambuesas
- > 1 queso brie de 200 g/ 6^1/$_2$ oz, cortado en 4 trozos iguales
- > 1 brioche redonda, rebanada finamente y tostada
- > 8 higos secos, rebanados

nota del chef

El brie adquirió fama mundial cuando fue coronado "rey de los quesos" en el Congreso de Viena de 1814 y 1815. Originariamente era un queso de granja que tomó la denominación brie de la región francesa del mismo nombre.

nido de frutas rojas con dos quesos

■■□ | Tiempo de cocción: 15 minutos - Tiempo de preparación: 10 minutos

ingredientes
- 200 g/6 1/2 oz de masa filo
- 125 g/4 oz de mantequilla, derretida
- 1/2 taza de frambuesas
- 1/2 taza de arándanos
- 1/2 taza de fresas limpias, en mitades
- 2 tipos de queso blando para servir

preparación
1. Enrollar apretadamente la masa y rebanarla en filamentos de 1/2 cm/1/4 in. Ponerla en un bol, verter encima la mantequilla derretida y remover la masa para que se impregne bien.
2. Dividir la masa en 4 montones. Con cuidado formar nidos ovalados sobre una bandeja para horno engrasada; hornear a temperatura moderada 10-15 minutos o hasta que estén crocantes y dorados.
3. Llenar cada nido con fruta y servir con porciones individuales de quesos blandos surtidos.

4 porciones

nota del chef
Al trabajar con masa filo hay que hacerlo con rapidez o mantener la masa tapada con un lienzo, para que no se reseque.

índice

Introducción **3**

Entradas
Bandeja de frutas y quesos **14**
Camembert al horno **8**
Tablas de quesos **6**
Tarta de roquefort y nueces pecan **10**
Hojuelas de queso y ajo **12**

Ensaladas
Queso de cabra con hojas surtidas **16**
Lechuga y berro con aliño de queso azul **18**
Bandeja a la italiana **20**
Arlequín con pesto **22**
Radicchio y pera **24**
Frescura griega **26**

Vegetales
Cazuela de berenjenas, queso y tomate **32**
Budín de hongos y queso **34**
Frittata parmesana **28**
Papas al gratín **36**
Pastel de verduras estivales **38**
Puerros al gratín **40**
Pimientos rellenos con queso **42**
Rollo de calabacitas **30**

Arroz y pastas
Crêpes de requesón y hierbas **48**
Espaguetis a la carbonara **44**
Pastel de calabacita y arroz **50**
Timbales de macarrones con salmón
   ahumado **46**

Sorpresa con ave
Pechugas de pavo con jamón crudo y queso .. **52**

Postres
Anillo de requesón con salsa de frutas rojas
   frescas **56**
Brie y brioche **60**
Higos rellenos con queso crema a la naranja . **54**
Nido de frutas rojas con dos quesos **62**
Tiramisù **58**